“自分責め”をやめたいあなたへ

傷ついているあなたへ贈る50のメッセージ

心理カウンセラー
ミラカウンセリングルーム主宰
古谷ちず

はじめに
〜古谷ちずから、あなたへ〜

あなたは自分のために
涙を流したことがありますか
人生でどのくらいありますか
あなたがあなたのために流した涙、
それは愛のいちばん美しく純粋なかたちだと
知っていましたか
その熱い抱擁を
受け取り、抱きとめたことがありますか

わたしはあります

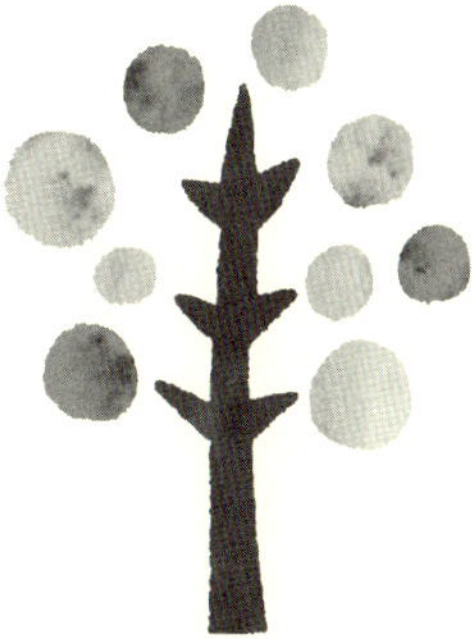

contents

Chapter 1

摂食障害（拒食症・過食症）なあなたへ

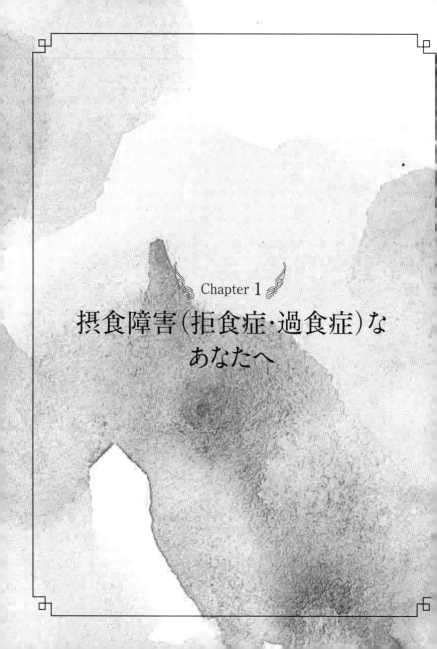

摂食障害になって
おめでとう。

あなたは今、自分という
かけがえのないギフトに気づく
旅のチケットを手にしたのです。

大丈夫。
その食べ物は
味方だよ。

食べてもセーフ。
食べなくてもセーフ。

10

愛はある、

病気の
中に。

吐きたかったものは

何
？

まだ
痩せたいの？

鏡は
ウソつきだよ。

摂食障害（パニック障害）は
あなたの生命からの使者。

安心して助けてもらおう。

ヤケになる、その勇気で
自分を抱き止めよう。

一緒に歩こうよ、
必ず支えはあるから。

ほんとうは、
誰に

わかって
欲しかったの？

ほんとは
自分にがっかり
することが

怖いんだよね。

いい子なら愛されるって、

誰が決めたの？

ダメなわたしのままで愛されるとしたら、
何したい？

その悩みがなかったとしたら、
何したい？

気がついたら
春になっていた
ように、

気がついたら
トンネルの
向こう側に
いるよ。

病気が教えてくれた、

ほんとの
自分。

食べちゃったね、
好き好き、
そんな自分（あなた）が。

いつも口に出さずに
飲み込む言葉はなに？
言いたいのに
言えないことって
何だろう？

Chapter 2
パニック障害なあなたへ

深い自分は
知っているよ。

あなたを生かす方法。

もうそろそろ自分を責めず、

可愛がってあげようよ。

「鬼は外、福は内」。福も鬼も、

実は自分の内側のもの。

鯉のぼりのように泳げることを知っている。
泳げることを知っているから
泳ぎたいと思うのです。

そのために病気になったのだから。

必要なのは、いまのあなたでいることだけ。

病気でも病気じゃなくても、
大事なのは素のあなた。

不安、という名のもう一人のわたし。

わがままですぐ大泣きするやつだけど、
仕方ない、連れて歩こ。

病む力。それはあなたの生命力。
パニックはあなたの安全装置。

いまは休めってこと。

そのまま。そのまま。

いまのまま。

いつも出口を探してる。

出口はあきらめの中に。出口は勇気の中に。

こわいよう、
こわいよう、
こわいよう……。
こわいじぶんでもいいんだよう。

Chapter 3

自傷行為をしてしまうあなたへ

自分を
傷つけるのは、

その皮を破って愛したいから。

あなたはサナギ。

古い皮が合わなくなっただけ。

消したい自分がいる。

でも、
その消したい自分が
あなたを愛してる。

どれだけ
切り刻んでも、

愛は殺せない。

あなたのその痛み・苦しみ・恐怖は、

古いカラ（価値観）を
脱ぎ捨てるためだよ。

わかって
欲しかったよね。
気づいて
欲しかったよね。

痛かったよね。

自分を責められるのはパワーがあるから。

今日はそこにパワーを感じてみよう。

その手首の傷は愛の変形。
自分の愛し方がちょっと不器用なだけなのね。
ほんとはすごくすごく愛していて
愛を止められないのに、
出口が外じゃなくて、
自分の皮膚になっちゃってるのね。
仮にあなたが自分の身体を憎いとしても、

身体はあなたを愛しているよ。
傷ついても傷ついても愛しているよ。
あなたのこころとたましいを、
あなたの凝縮された愛と不器用な愛し方を。

Chapter 4
自分を醜いと思い込んでいるあなたへ

自分をダメだなんて
思わなくてもいいのに。

だってダメじゃないから。

自分にがっかりした？
がっかりしようよ。

そこがあなたのゼロ地点。
たくさんがっかりして
羽を休めようよ。

みにくいアヒルの子、って思い込んでいる
あなたの本当の姿は白鳥だよ。

白鳥なら、
なにする？

悲しくて、みじめで、恥ずかしくて、不甲斐ない、
この気持ちを抱きしめよう。

泣いて寝る日もたくさんあっていい。
……………………。
それがあなたの人生の、まさに宝石なのです。

Chapter 5

生きるのがつらい あなたへ

その問題、すこし目をそらせば解けるよ。

今日はみつめないでちょっとよそ見してみよう。

いじける、拗ねる。

そんな自分を抱きしめる。

苦しいよね、つらいよね、悲しいよね。

そんなあなたの気持ちが宝石。

こわかったよね、自分。心細かったよね、自分。

愛されたかったよね、自分。

壊れちゃったのはニセの自分。

今までよく頑張ってきたね。

いいよ、今はじっとする時。

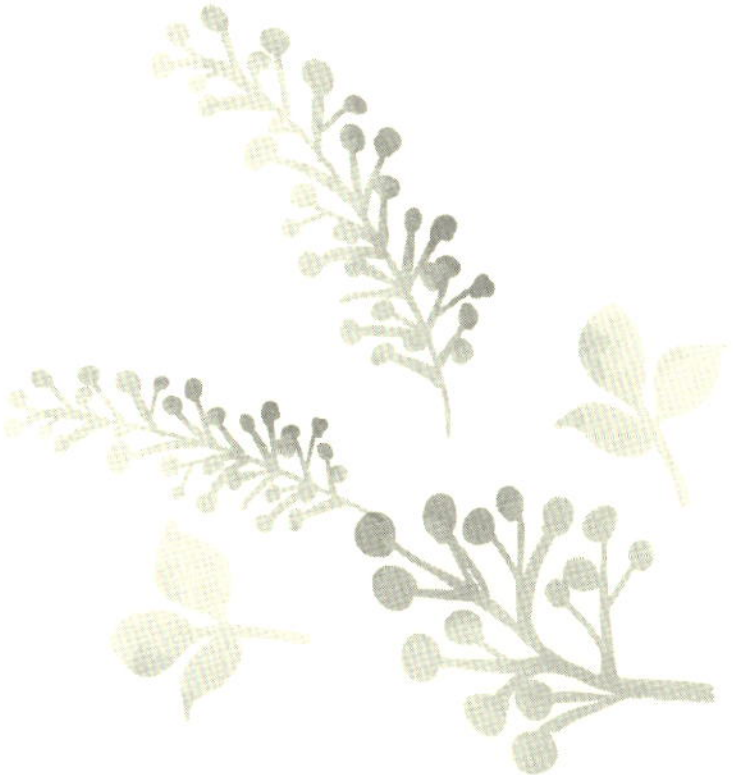

治さない。立ち直らない。

このまま生きる。

あなたの胸の、奥底にある憧れは何ですか?

好き、憧れ、ときめき、は
どれもあなたのガイドです。

優しさに包まれたいという憧れ。

その憧れがあなたの優しさ。

「わたしなんてどうせダメなんだ」。
そのどうせダメなわたしのままで、
やりたいことやっちゃおう。

どうせダメなわたしでいいから。
そこ変えなくていいところ。

わたしの
人生経験

いつだって、これから!
「希望や勇気は持てるんだよ」

わたしは17歳の時、思春期に飛び立ちそこねて、いわゆる「摂食障害」になったのですが、その時のことは本当によく覚えています。

きっかけはダイエット。根が頑張り屋でかなり痩せたのですが、反動の過食とともにやって来たのはひどい抑うつでした。なんにも頑張れず、なんにもやる気にならない。身も心も活動停止したかのようでした。

そしてそれをきっかけに、わたしの人生は思いもしなかった方向へ舵をきることとなりました。

◆「良い子」の破綻。ダイエットがきっかけで摂食障害に

わたしが生まれたのは、広島県で江戸時代から続く医者の家系で、それは祖父の代まで続きました。その面影を残す、大手門のある田舎の家に、一卵性双生児の姉として生まれました。

両親はともに中学校の教員で、父は数学、母は国語を教えていました。父は武士のような静かな雰囲気を持った人で（後に地方議員に）、母はそれとは対照

的に情熱的な女性でした。双子だったので目立ちましたし、近所には祖父の診た患者さん、両親の教え子など、自分を知る人に囲まれた環境でした。

小学校、中学校と勉強もスポーツも女子で一番の優等生タイプの女の子でした。変わった出来事といえば、6年生の時。通っていた小学校が全焼、その時も児童会長としてなにか挨拶をした覚えがあります。

妹と一緒に3歳からピアノを習い始めました。高学年になると自分のお小遣いで楽譜を買ってきては弾き、新しい音世界にわくわくするような子供でした。ピアノの先生に「この子は才能がある」と言われ、中学生になる頃には本格的なレッスンを開始、小中高、と市や新聞社主催のコンクールに出たりしていました。

ピアノがあまりに身近にあったので、将来は音大に行って、一生ピアノに関わる生活をする、と漠然と思っていました。誰に言われたわけでもなく、それ以外の可能性は意識にも上がらなかったのです。

母は、わたしと妹に、可愛いおそろいの服を着せるのが好きでした。添加物の入ったものはなるべく食べないようにする、テレビは決められた番組だけ、方言を使わない、お手伝いをする、などが母の方針でしたが、特に窮屈に感じることはありませんでした。小学校は校区の端っこに位置していたため、毎日片道4キロの道のりを妹と色んな想像やごっこ遊びをしながら通う、無邪気な子供時代でした。なにに疑問を持つこともなく、教職に家事に祖母の介護に忙しい母の、時折の不機嫌や八つ当たりにも、聞き役としていい子でいたと記憶しています。

しかし中学生の中頃からは、なにか自分を表現したかったのだと思います。それまでの自分を振り切るように、口紅を塗って学校へ行ったり、遅刻をしたりするようになりました。反抗して母とぶつかることも多くなりました。

母がなかなかブラジャーを買ってくれなくて、手紙を書いた覚えがあります。自分の素の望みを口にすることが小さい頃から苦手でした。普通に話もしますし文句も言うのですが、実は一番言いたいことは恥ずかしくて言えないのです。そのことは以後の人生を通して形を変えたテーマとして何度も現れることとなります。

さて、学校では好きな男の子ができたり、テニス部の活動に励んだり、友達と遊んだりする普通の中学生でしたが、もともと痩せ型だったのが思春期になってだんだんふっくらしてきたことがなんとなく嫌で、高校生になってからはさらに気になり、ダイエットをすることにしました。

これが、人生の舵とりを大きく変えたきっかけでした。

ダイエットは真剣でした。おやつを我慢したり、ご飯を減らしたり、母の作るお弁当を半分しか食べなかったり、妹とも競争するように食べないダイエットを開始しました。

食べ盛りの高校生が急激に食べなくなったために、授業中も食べ物のことが頭に浮かぶほどで、目的と手段が完全に入れ替わっていました。

こっそり下剤も使うようになりました。そのために修学旅行中にバスを止めたこともあります。いわば「拒食症」時代ですね。

おかげで痩せることはできましたが、いつまでも禁欲的に食べないダイエットが続くわけもなく、ある日を境に食欲が暴走し始めました。むさぼるように食べ、そんな自分が許せない。夜に過食すると翌日は気だるく憂鬱で自己否定感に苛まれ、朝になっても起き上がれないのです。当然、学校に間に合わない。

　遅刻して行っても自分が太ったことが気になり、教室に入る勇気が出ません。校門のところで回れ右をして時間をつぶすために電車に乗って遠くまで行ったこともありました。

　それまでのような、両親の自慢の娘ではいられなくなって、オリジナルな自分の模索のためにサナギになった、と今ではわかりますが、当時は自分になにが起きたのかわからず、止められない過食と、そのあとの抑うつのパワーに圧倒されて人生の迷子になった気持ちでした。

　音大に行くためにエリートコースで学んでいたピアノも、元気が出ず弾けなくなりました。なんのために生きているのか突然わからなくなりました。

　夜な夜な、田舎道を自転車で食品を買いに行き、家族に会わないよう自分の部屋に直行して泣きながら食べる。

　当然、あっという間に体重は増え、鏡に映る自分が大嫌いになりました。

　現在のように、摂食障害という名前もなければ情報もなかったので、苦しかったですね。

もちろん、相談できるカウンセラーもいませんでした。

それまでは仲が良かった妹とも、深刻なケンカをするようになりました。それまではなんでも妹に譲ってきたのですが、思いやりの気持ちなど持てなくなりました。


当時は「摂食障害」「過食症」「拒食症」という言葉は、一般には浸透していませんでした。わたしも自分がどうなっているのかわからず辛かったのですが、おかげで病気の名前に安住しなくて済んだのだと今は思います。情報がなかったからこそ、なにかに当てはめることなく、生身の自分と対峙せざるを得なかった、その経験が後に夢を一つひとつ実現する原動力になりました。

拒食や過食でも、日常生活にメンタル面で影響が出なければ「障害」とは言わないのですが、気持ちが引きこもって、すべてを投げ出すようになると「障害」になります。

そんな重荷を抱えたまま、わたしはそこからなんとか這い出そうと暗中模索していました。

◆自傷、薬の大量服用、自分の中の暗い情熱

精神的に不安定になったわたしは自傷行為や、薬の大量服用などもしました。当時はとにかく「醜い自分を消したい」と思っていました。

家族には大変心配をかけました。

自分の中の暗い情熱がとぐろを巻いて一気に噴き出したようでした。生命力が逆行して、自分を傷つけることでしか罪悪感を消せない。許せない。ブラックホールに入ったような気持ちでした。

母は「こうなったのは自分のせい」と自分を責めていたようです。「ものすごくコントロールしてしまった」と。

そんな母に「わたしなんて生まれなきゃよかった」、とひどいことも言いました。母を責めたいというよりは、やり場のない気持ちをぶつけていたのです。

「どうやって生きたらいいかわからない、助けて！」という素直なメッセージは、

情けなくて言えませんでした。

ところで、音楽だけは変わらず好きでした。

中学の頃からはクラシックのピアノレッスンだけでは満足できず、自作の曲をピアノで弾き語りしてデモテープをたくさん創っていました。

高校生になるとロックにも熱中し、U2の初来日コンサートを大阪まで観に行ったり、甲斐バンドのライヴに行ったりしました。最初、クラシック以外は家では禁止されていたので、親のいない隙にこっそりとMTVを見たり、レコードやラジオを聴いたり。それもやがて黙認されましたが。

ラジオや音楽雑誌に、よく投稿もしていました。レコードレビューを書いたり、音楽雑誌を通して知り合った文通友達と文通をしたり。文章を書く習慣があり、よく送っていたので、ある音楽雑誌の編集長から「東京に来る時は会いましょう」と返事をもらったほどでした。

その頃から東京でバンド活動をやりたいと思うようになりました。このまま両親の家にいても進展がないとわかっていたので、妹の大学進学に合わせて、わたしも上京することに決めました。

上京するとすぐに、念願のライヴ活動を開始。キーボードとボーカルと作曲を担当し、渋谷や新宿、吉祥寺などのライヴハウスで月に1回程度出演していました。ジャンルはノイジーなパンク。シャウトする激情的なものでした。暗い、どろどろしたエネルギーを表現したかったのです。

両親には「大学に行く準備をする」と伝えて予備校に通っていたのですが、受験しませんでした。音大ではなく一般大学の文学部に行こうと思っていたのですが、今ひとつピンと来ず。アルバイトと親からの仕送りで生計を立てながらバンド活動をしていましたが、ずっと音楽で食べていこうと思っていたわけではありませんでした。

この頃、手紙の返事をくれた前述の音楽雑誌編集長の男性とお付き合いもしていました。年上で頭脳明晰、しかも美形。当然、モテるわけで、もともと自己肯定感の少なかったわたしはいつも拗ねていました。コミュニケーションの取り方がどこかひねくれていたのですね。感情の振幅が大きく、自分に振り回されていながらも、人生の手綱は自分の手にありました。摂食障害は上京後の刺激的な生活で、なりを潜めていました。

20歳までバンド中心の生活を送っていましたが、「このまま続けていても未来がない」と思い就職を決意。バンドを辞めて、コーヒー豆の卸し会社で営業配送の仕事を始めました。

なぜこの職種を選んだかというと、車の運転ができる仕事だったからです。とにかく運転が好きでした。実家に自家用車がなかったので運転免許を取った時に、こんなに面白いことが世の中にあるのか、と高揚を感じたのです。「運転したい！」の気持ちに燃えていました。

しかしこの頃から、落ち着いていた摂食障害にまた悩まされるようになりました。

一人暮らしを始めてから自然と痩せたのですが、「もっと痩せたい」というスイッチが入ってしまったのです。

一日にアイス3個しか食べない極端なダイエットを始めて、すぐに破綻。反動でまた過食になりました。

食パン一斤、卵1パック、スパゲティ、お弁当などを一気に、〝喉まで〟食べる。食べている時だけは生きる痛みから免れていられたのです。心の奥に満たされない空虚感があって、なんとかそこから目をそむけたかった。直面したくなかった。今思うと、それは素直な感情を押し込めていたからなのでした。

今回は太るのが嫌で「過食嘔吐」という方法を覚えました。たくさん食べて吐く。

そうするととりあえずすっきりして、仮の満たされた気持ちを得られるのです。しかし身体への負担も大きく、お腹は空っぽになるためすぐにまた食べたくなります。こうして過食嘔吐との終わりなき鬼ごっこが始まりました。

人に良く思われたくて頑張る自分と素の自分のバランスをとれず、自分が本当はなにを感じているのかわからなかった。だから摂食障害が必要でした。不器用に生きる自分がいて、溺れそうな時に掴んだ藁が摂食障害という依存症の杖でした。

過食と過食嘔吐を繰り返す生活を2年半くらい続け、身も心も疲弊していきました。

◆自分を肯定できた「ＮＡＢＡ」との出会い。夢だった大型トラックの運転手に

その頃、母に「こんな団体があるよ」と言われて知ったのが、摂食障害の自助グループ「ＮＡＢＡ」（日本アノレキシア・ブリミア・アソシエーション）でした。

食に悩む同じような仲間の存在は驚きでした。自分だけじゃないんだ、という事実に大変勇気を得ました。「自分は生きている価値がない」「自分は醜い」――そう感じている人が他にも大勢いたのです。

わたしは、最初はみんなの話を聞くだけでしたが、4回目くらいからようやく自分のことも話せるようになりました。最初に重い口を開いて、自分のことを口にできた時は、涙があふれて止まりませんでした。

ここに集う子たちは一見、街で遊んでいそうな普通の女の子たちだったのですが、食に関することが上手くいかなくなり、自分を偽ったり、持て余したり、周囲との関係に悩んだり、自傷したり。とりもなおさず人生の扱いにてこずっていたのでした。

NABAでもう一つ大きなインパクトがあったのは、精神科医の斎藤学さんとの出会いでした。当時のNABAは独立しておらず、斎藤学さんが定期的にミーティングを開いてアドバイスする、という形でした。斎藤さんは悩みをひとしきり聞くと、一見毒舌に聴こえる愛情ある辛口の警句を短くズバッと言う。この警句がまた真に的を射ていました。

今は摂食障害というと、あらゆる年代に広がっていますが、当時はほぼ若い女の子しかいませんでしたから、辛口アドバイスに泣き出す子も。

「過食嘔吐に悩んでいる」と言うと、「しなさいよ、そんなの」。

「大量の食糧を買わなきゃいけないけど、近所のスーパーには恥ずかしくて行けない」には、「じゃあ、遠いところに行きなよ」。

斎藤さんは、過食嘔吐をやめなさいと言うのではなく、「それでいい」と言うのです。

それまで、恥ずべき悪癖、直さなければいけない病気、と思っていたことを、全肯定され、最初は戸惑っていましたが、みんな徐々に自分を受け入れるようになりました。

心理的な視点と同時にスピリチュアルな気づきに満ちたオープンカウンセリングでした。目的は過食嘔吐をやめることではなく、自分への信頼を取り戻すことだと知ったのです。

自分を抱っこする、ダメな自分を愛する、もっといい加減に生きよう。

今までそのような価値観を持っていなかったわたしは、目の前が一段明るくなったような気がしました。自分を抑え込まなくてもいいんだ、罪悪感を持たなくてもいいんだ、というメッセージは一種の朗報だったのです。

恥ずかしいこと、として隠すようにしてきた感情、寂しい、悲しい、愛されたい、怒り、恐怖。これらが生温かいリアルなものとして身体にあるのを感じました。これらを感じたくないようにしていたために、食べても食べても満たされない隙間があったのです。

摂食障害からの「快復」は、拒食や過食、過食嘔吐といった行為をやめることではありません。

今はそうせざるを得ないことを許して、目を背けてきた素の自分と和解する。自分の素直な欲求に気づき、寄り添えること。こじらせてしまった自分と自分との関係、戦争状態にあった関係をほどいて、抱擁しあうこと。そして、協力し合える一つ高い視点を持つこと。

つまり、摂食障害は闘って追い出すものではなく、実は自分の中の心強い協力者であり、「人生の障害の原因」ではないということなのです。

具体的になにかを始めたり、行動しなくてもいいのです。なにもせず、ただありのままの無防備な自分がここにいることを知ればいい。摂食障害の悩みから、恋や仕事といった一般的な人生の悩みにシフトすることも「快復」です。

しかし、親しんでいた自己否定癖は簡単には落ちず、生きていていいんだ、と思える時もあれば、こんな自分大嫌いだ、と思うこともあり、振れ幅が大きかった。今はその振れ幅こそ個性で生命力なのだとわかりますが、その頃はまだ少しでも太ると、存在貯金がなくなった感じがして苦しかったものです。

それでもＮＡＢＡでの活動を通し、ようやく明るい気持ちを持てるようになったわたしは、朝露のようなその気持ちを大事に、やりたいことをやろうと思いました。

わたしは勤めていた会社を辞め、当時、付き合っていた男性とも別れて、その時のときめきに従って歩き始めました。

わたしは本当に運転が好きで、運転している時だけはしあわせでした。それで、もっと長い時間、運転をしていられる仕事に就きたいと思ったのです。

さらに、大型車に憧れていました。営業で運転している途中に出会う、大型トラックや大型バス。長い車体、大きいハンドル。首を大きく振ってきれいに左折したり、バックしたり。そのプロの技術がかっこよく見えて仕方ありませんでした。

大型免許を取ろう！

決意が固まっていきました。バスに乗る時は運転席の後ろで運転手になったつもりでシミュレーションしたり、2tトラックで運送のアルバイトをしたりして、大型免許を取る準備を着々と進めました。

気持ちはもう、既に大型運転手なのでした。

わたしの夢の叶え方は、先に「なりきる」ことです。大型免許を取りに教習所へ行く頃には、当然のような顔をして運転しましたから、教官に「うまいね」と言われて内心嬉しかったものです。

6tトラックに乗り、関東近県の物流センターに荷物を運ぶ仕事を始めました。高い運転席、幅の広い車体から見る道路は、乗用車とはまったく違います。憧れを叶え、わくわくして希望に満ちていました。

当時、女性のドライバーはほぼいませんでしたから、モテました（笑）。

仕事はハードで、真夏は身体に塩を吹いて真っ黒に焼けていました。その頃の大型車は女性ドライバーを想定していませんから、シートを一番前にセットしてもブレーキに足が届かず、クッションを挟んで座るため、身体の負担は大きかったですね。前を走る乗用車が急ブレーキを踏むと、全体重をかけ命がけでブレーキを踏みこみました。液体を積んでいたので、ようやく止まった車体は前後にゆらゆら揺れるのでした。ヒヤッとしたことは何度もあります。失敗もたくさんありました。コンテナ車の命綱、左ミラーを電柱に接触させて破損したり、雪の日に路肩で車輪が空回りしたり。メカに弱いので、高速走行中に黒い煙が後ろから出ていても原因がわからず怖い思いで会社まで戻ったことも……。

実はその頃も過食嘔吐を続けていました。ただ、以前と違うのは自分を責めなくなったことです。恥ずべき悪癖、ではなく、ストレス解消の変わった趣味、または不器用なわたしの最愛の友達、といった意味合いに変化していました。

職場で知り合った男性と、同棲を始めました。

やりたいことをどんどん実現していたわたしは、斎藤学さんや仲間から「トラック姉貴」と呼ばれるようになりました。

ＮＡＢＡではワークショップなどで自分の体験をスピーチしたり、会報誌「いいかげんに生きよう新聞」に文章を書いたり、それが編纂されて本として出版されたりもしました。

良いことも悪いことも隠さず発信し、前向きに今を生きる、先を行く仲間として「カリスマ回復者」の異名までつきました。

◆パニック障害で4ヶ月入院。人生2回目のどん底

6tドライバーの仕事は女性にはハードで、過食嘔吐もしていたので、過労だったのは確かです。

ある夜、家で友達と電話をしている最中に気を失いました。

びっくりして翌日病院に行き、あらゆる検査をしましたが異常はなにも見つからず。

想像するに過呼吸か、体液のバランスが崩れていたのか、今となってはわかりません。自分では過呼吸発作だったのではないかと思います。

それ以来、自分の身体が怖くなり、外出することも怖くなりました。

広島から急遽、母に来てもらいました。「趣味」の過食嘔吐はパタッと止めました。怖くなったのです。ちょっと動くことも怖く、なんでも母に手伝ってもら

わないとできなくなりました。

今は「パニック障害」という言葉があって、過労心労が続くと誰でもかかりうる症状として認知されていますが、当時はまだその言葉はなく、わたしはなにがどうなっているのかわかりませんでした。

摂食障害を乗り越えたカリスマ回復者「トラック姉貴」は、今度はパニック障害になり、仕事どころか、ただ生きているだけで精いっぱいになってしまったのです。


たった一度の体調不良でどうしてそうなるのか。パニック障害を経験した人ならわかると思いますが、死ぬんじゃないか、気が狂うんじゃないか、という恐怖に耐えられなくなるのです。

自分に対する、もとい、人生に対する信頼を取り戻すまでに、その後、半年ほどかかりました。どこも悪いところはないけれど、過労ということで、病院に入院させてもらったりしました。治療というよりは療養のためでした。

その時、母にはほんとにお世話になりました。父もお見舞いに来てくれ、「ちずは頑張りすぎるんだよ。最後のお酒の一杯を飲まなければ悪酔いしないものを、飲んでしまうからいけないんだ。ギリギリの手前でやめないと」と晩酌を愛していた父らしい比喩の言葉がけが耳に残っています。

せっかく順調に歩き出したのに、また転落するとは。悔しいのと恥ずかしいのとで、人生を投げ出したい気持ちでした。憧れの大型運転手の仕事は、休職後に辞めました。

この先、前のように普通に外を一人で歩けるなんてとても思えないのです。なぜ、普通に普通のことができていたのかわからない。

例えば、トイレも歯磨きも怖いのです。一人で当たり前にやっていたことがそばに誰かついていていてくれないと怖い。大型トラックを転がしていたパワフルなカリスマ回復者はいまや、一人ではなにもできない赤ちゃんと化したのです。

もう自分には未来はない、立ち上がることは遥か彼方の話。当時の暗黒な気持ちは今こうして書いていても辛くなるほどです。

振り返れば半年ほど、と言えますが先のない半年は絶望と友達でした。

希望が見えないままに、一日、一日と、日にちだけが過ぎていく……。

一人でなにもできない、なにをするのも怖い……。


「パニック障害は、心のぎっくり腰」。わたしはそう思っています。

今ならよくわかるのですが、たまった疲弊がある日、臨界に達し、心は痛くて動けなくなります。

身体も心も、同じもの。同じものを違う側面からとらえているだけ。

心のことは目に見えなくわかりにくいけれど、身体に置き換えてみるとわかりやすい。

つまり、互いに「メタファー」で「鏡」となっているのです。


さて、パニック障害という強制終了ですっかり動けなくなったわたしは、その日その日をただ死んだように生きていました。

自分の人生はここまでだったんだな、と。

どこにも這い上がれそうな手すりが見えませんでした。

今思うと、ケガをした動物と同じで、強制的に心と身体を休めなくてはいけない状態だったといえます。それは、理性的には、死んだような意味のない日々でしたが、身体と心は、そのあとしっかり生きるために最善の策を取っていたのでしょう。

しかし大の大人が、身体は悪くないのに動けないなんて。ただただ怖い、って。どんな言い訳もできないことが恥ずかしかった。


人生何度目かの〝さなぎの時期〟でした。


それでも秋が過ぎ、冬が来て、雪が降り、季節は巡り、景色がどんどん変わって、少しずつできることが増えていきました。

母がついていなくてもトイレに行けるようになり、シャワーも大丈夫になり、身体の病気と本当に同じような経過をたどりました。

ところで、当初入院させてもらっていた病院で、当時スモーカーだったわたしはやっと喫煙室へ行けるようになり、そこでほかの患者さんとしばしば話をしました。

後に離婚することになる元夫とも、そこで出会ったのです。

彼は当時、前妻と離婚したばかりで、心身の調子を崩して入院中でした。アルコール依存、薬物依存、うつ、などの経歴があり、子どもが一人いて、前妻が引き取っていました。わたしより12歳、ちょうど一まわり上でした。

ほんのひとこと、ふたこと話しただけで、頭のいい人だとわかりました。お互い、話の通じる人を世界で初めて見つけた、と思いました。

彼はその時、仕事を辞めて無職でした。なんの職業か知らないままに、なんとなくこの人と結婚するだろうなと感じました。

彼もそう感じたようで、「結婚して欲しい」と申し込みがありました。

その時に同棲していたパートナーには事情を話して、お別れすることになりました。

パートナーは、謎の「動けない病」のわたしと別れるのはそんなに未練はなかったように見えましたが、その時に言われた警句を今でも覚えています。

「やめとけよ。そいつは病気だぜ」

わたしはパニック障害を乗り越えたのでも克服したのでもなく、結婚することでスルーしました。逃げた、といってもいい。

どうやって暗闇から抜け出したのか、と言われてもなにもなく時の流れに身を任せていただけです。

「もう終わりだ」と思っていたら、元夫が現れたので「一人で頑張った」、なんてこともありません。頑張ってどうにかなるものではなく、頑張らないとはどういうことか学ぶ時間だったのです。

元夫は、資格の必要な、社会的地位の高い職業に元々ついていたこともあり、両親も喜んでくれ、結婚式は東京と広島で二回あげるほどでした。

こうして、また人生の次のページが開きました。

◆妊娠、出産。ただ育児に夢中になれる幸せ

結婚後、すぐに妊娠して長男を授かりました。

すると、自分のことよりも目の前の赤ちゃんに気持ちが移りました。

透き通った生まれたての瞳を見た時の感動は、今でも忘れられません。自分に子供ができるなんて未来予想図がまったくないところに生まれたその子は、天使みたいに美しく可愛かった。この世にこんなに愛しいものが存在するのだ、と思いました。

パニック障害のことを振り返る間もなく、妻としての母親としての再出発がスタート。

わたしは夢も希望もない、自分の人生が見えない状態で出産したので、先入観なく子育てができました。

長男の出産から1年7ヶ月後には、長女も授かりました。無職だった元夫も

体調が良くなってきて就職し、わたしは子育てに追われる毎日を送っていました。

元夫は、平日はほとんど家におらず、今で言うワンオペでしたが、それが普通だったので気にはなりませんでした。

長男は喘息があったり、個性的かつエキセントリックだったりして大変でしたが、楽しい時期でした。子育てには、次々に訪れる試練をクリアするゲームのような面白さがありました。

この頃は、ただただ夢中で子育てをしていました。

夢中で生きられることほど、素晴らしいことはありません。

摂食障害もなく、パニック障害もなく、ただ夢中で生きることがどれだけ幸せか。

育児に追われていた当時は、子供たちに早く大人になってほしい、早く楽になりたいと思っていたけれど、今までの辛さに比べたらなんでもないことのように感じました。


しかし、その一方で元夫のうつが再発していました。

出勤拒否や破滅の予告、脅しは日常茶飯事。自殺願望と破滅願望の強い元夫の奇行と、権威や地位のある職業の外面とのギャップに、わたしと子供たちは本当に振り回されました。

そんな元夫に当惑しながらも、わたしは子供たちがいたおかげで前向きに生きることができました。親が近くにいなかったので、一人で子供たちを連れて地元の児童館に行ったり、積極的にママ友を作ったり、そんな普通の暮らしをしていました。

◆PTA、トライアスロン、音大進学……夢に打ち込む！

そのうちに元夫が独立開業することになり、わたしも手伝うことにしました。最初は「ここを大きくしよう」と頑張っていたのですが、仕事を始めたわたしはどうしても子供と離れる時間が増えました。

その過程で長男が不安定になりました。

もともと手のかかる子ではありましたが、学校でケンカをしたり、度々問題を起こすように。シッターさんにも来てもらったりしましたが、そこでもトラブルが起きました。学校の先生からもわたしの母からも「家にいてあげて」と言われ、わたしは仕事を辞めて子供たちとの時間を優先することにしたのです。

そこから、地域活動やＰＴＡ活動も精力的にやるようになりました。

自分にできることはなんでもやろうと思いましたし、みんなが嫌がることでも、やってみなきゃ本当に嫌なことなのかどうかわからないじゃない？　と思っていたのです。

ＰＴＡなどは「やるほうが損」みたいな風潮がありますが、わたしは幼稚園でのＰＴＡ代表や小学校のＰＴＡ会長もやりました。

女性はどこまで行っても女性社会。男性のピラミッド社会とは違います。色々なお母さんがいて、多くの人は責任のある立場になることを嫌がりますが、実際には責任なんてないんですよね。

それにＰＴＡの活動は、子供たちの成長の現場に近いところで、自分の子供たちだけでない、子供たちみんなのファンでいることだと思うのです。

損ではなくて、ファン。

こうした経験は、わたしにとってとても充実したものになりました。

子育てによって自分を取り戻したわたしには、忘れていた「やりたいこと」を思い出すようになりました。

大型トラックの運転手になった時と同じように、自分の気持ちを抱っこする、大事にする、育む、そして「なりきる」という方法で、まずはゴールデンレトリバーとの生活、という夢が叶いました。

子育てに加えて、大型犬と走る毎日が始まりました。ゴールデンとの生活は生きる歓びに満ちたものでした。躍動するピチピチした命！

犬の世話をしながらアウトドアに親しんでいるうちに、太陽や土、水や太陽が大好きだった自分を思い出しました。摂食障害になる前は、運動が大好きで得意だった自分。身体を動かす楽しさも思い出したのです。

ところでその頃、運転手をしていた頃に患ったヘルニアが再発していたので、リハビリも兼ねて小学生になった子供たちを連れてよくプールに行きました。

わたしは泳ぐことが好きで楽しく、最初は水を怖がっていた長男もそれにつられて次第に水を好きになったようで、図らずも大学まで水泳を続け、後には活躍する選手になりました。

マラソン、そして水泳。あとは自転車さえできれば、トライアスロンができる！

トライアスリート！　なんと、ときめく語感！

夢や憧れを感じた時、「わたしには無理、恥ずかしくて言えない」という気持ちはいつもセットで出てくるのですが、やりたいという気持ちを抑え込まず、エイっとロードレーサー（競技用自転車）を購入しました。

たまたま近くのスポーツクラブにトライアスロンスクールがあったので、入会して練習を開始。レースに出ている仲間の存在が眩しく、「わたしもレースに出たい！」の想いで、36歳でトライアスロンデビュー。その後の大会では、年代別1位にもなりました。

そしてもう一つ、わたしの中には、これだけはいつか必ず叶えようと思っていた秘めた夢がありました。

思春期の摂食障害で、中断してしまったピアノです。

子供に習わせるのと同時にわたしもレッスンを再開しました。実は、永らく心の奥底で「音大に行くこと」は自分にとっての必然でした。

しかし、一度迂回した道を口に出すことは恥ずかしく、誰にも言いませんでした。

それでも、音楽への情熱は次第に現実にも現れてきたのでした。

転機となったのは、意欲的なピアノの先生に出会ったことです。「コンクールに出ましょう！」という先生の言葉に心が躍りました。自分の夢に許可がおりた瞬間でした。

漫画家の池田理代子さんが東京音大の声楽科に入り、50代で声楽家に転身した、というエピソードにもとても勇気づけられました。

「やっぱりわたしの人生の主軸はピアノだ」。そこから家事と子育てをしつつ、音大進学に向けてさらに本格的なレッスンを続行。自信を回復して、音楽の道に復帰する足場を固めました。

そして念願の音大への入学を果たしたのでした。

音楽の道に戻ったわたしは、やっと自分の居場所に帰ってきた感じがしました。見失っていた自分の半身を取り戻したのです。

どんなことも、なにもかも吸収するつもりでした。マスタークラスや定期演奏会のオーディションには必ず出たし、授業もたくさん取り、いつも弾かなければいけない曲がいっぱいでした。

一方、家事も手抜きせずやろうと思っていたので、いかに練習時間や勉強時間を確保するかをいつも考えていました。

朝は4時に起きて、犬の世話をして、家族のお弁当作り。7時前には大学に着くようにして練習室と練習時間を確保。そんな生活をしていました。

睡眠時間が少なかったので、気がつくと練習しながらピアノの鍵盤の上に突っ伏して寝ていることもありました。

大変だったけれど、一度転落した崖の底から自力で戻ってきて、今ここにいることがとにかく嬉しかった。苦労だなんて全然思いませんでした。

在学中からリサイタルも開きました。トークと詩の朗読も入れて、2時間以上弾きました。その時のプログラムには当時の思い入れの強さが表れていました。

ピアノの勉強に打ち込んでいましたが、4回生の頃に共感できる先生との出会いを経て、作曲もやりたかったことを思い出しました。その時は直感的に「自分は作曲だ」と閃いたのです。

しかし、相変わらず自分の夢を口に出すのが恥ずかしく、どんなに経験を積んでも自分の望みをパッと口に出す勇気がないのでした。

それでも、今回もまた情熱が勝り、作曲専攻に進むことを決意しました。作曲専攻に入るためにさらに多くの勉強をし、今まで以上に忙しい日々が続きました。

桐朋学園芸術短期大学のピアノ科、さらに専攻科に在籍していた4年目に、並行して桐朋学園大学ディプロマコースのピアノ専攻で副科作曲を取り、その後桐朋学園大学ディプロマコース作曲専攻に入る、というルートを選びました。

勇気を出して入ってみて本当によかった。作曲は、ピアノ以上に「ここがわたしの場所だったんだ」と感じました。

作曲専攻にはオリジナリティーを追求する人たちが集まっていて独特の世界でしたが、今までになくホッとできる場所でした。コンプレックスだった年齢も関係なく、いかに豊かな発想ができるか、自分のクリエイティビティだけに集中できる佳き修行の場だったのです。

◆子供が東大に進学。元夫との別居、そして離婚へ

わたしが作曲に勤しんでいたちょうどその頃、長男は東大の理工学部に合格しました。

よく「どうやったら子供を東大に行かせられるの?」と聞かれますが、ここまで書いてきた通り、わたしは決して教育ママではありませんでした。元夫も自分のうつを抱えていたので、教育どころではなく……。

彼が東大に入ったのは彼独自のユニークな発想力と超集中力、そして彼自身のマネジメント力の賜物です。彼の口癖は「自分を知ること」でした。

親として言えることがあるとすれば、わたしは長男が1歳の頃、すでに「この子は天才。将来、東大に行くだろうな」と直観し、彼の可能性を信じていたことでしょうか。

手のかかる子でしたが、子供の頃から本当にユニークで、アイドリングと超集中のできる子でした。振れ幅は大きいものの、そこに非凡性を感じていました。だからといって、勉強しろと言うこともなく、塾に無理に通わせようとしたこともありません。子供の才能を信じていただけです。

親の過度な期待は子供の可能性を抑え込んでしまいます。

自分の道は自分で発見するしかない。試行錯誤しながら、自分の道を手探りして、ここだ、と思ったら進んでみて欲しい、そう思っていました。

・・・・・・・・・・・・・・・・・・・・・・

実は当時、家庭内では元夫のうつがひどく、「一緒に死んでくれ」と言われることもあり、なかなか気の休まることがありませんでした。

このままでは家族全員がおかしくなってしまう。わたしはせめて自分だけは明るさを保とう、と思っていました。好きなことに打ち込む。それがわたしの結論でした。

そんなわたしを子供たちはよく見ていました。水嫌いだった長男が水泳選手になったのも、ひょっとしたらわたしが楽しそうに泳いでいたからかもしれません。泳ぐのが大好きで海にもよく連れて行きましたから。

それから、子供のすべてを見張らない、コントロールしない、ということには気を付けておりました。

摂食障害の人にありがちなのは、「食べてはいけない」「量はこのくらいに抑えないといけない」と、いつも自分を見張ることなのです。見張りをやめた時に初めて、食べ物から自由になれるのですが!

子育ても同じで、親が子供のすべてを決めないほうがいい。そうすれば、子供は自分の可能性を自由に飛翔させることでしょう。

さて、一つひとつ夢を実現して、広島の両親も最愛のゴールデンレトリバーも看取り、子供たちは義務教育を修了、その後、複雑怪奇にこんがらがった遺産整理を3年かけて処理しました。しかし、元夫とのことは課題が残っていました。

振り返れば、結婚生活ではコミュニケーションに試行錯誤したり失敗したりで、30代の一時期は過食嘔吐が半年ほど復活しました。

その時のそれは、病気や障害ではなく安らぎでした。とても自覚的にやっていました。

自覚するかしないかで、障害となるか、安らぎとなるか180度違うのですから、なんでも「これは自分が選んでやっているのだ」と気づけば世界はまったく違って観えます。

元夫とは音大へ行っている途中から別居、その後の調停、長い裁判を経て、25年の結婚生活に終止符を打ちました。

離婚に関することでは本当に心がズタズタになりました。

カスカスに落ち込んだ生命力を復活すべく、まだ実現していなかった夢を敢えて実行しました。それは、成長した子供たちと海外で冒険すること。

行先はモンゴル！　馬に乗って草原を駆ける！

そしてラオス！　象使いのライセンスを取る！

体力のあるうちに子供たちの成長を歓び、自分の生命と対峙したい。思い切って決行しました。ハードでしたが、二度と忘れられない冒険に満ちた旅となりました。

◆カウンセラーとしての再出発。〝自分責め〟に苦しんでいるあなたへ

さて、思春期の摂食障害から大きく流れが変わったわたしの人生ですが、夢を一つひとつ叶え、ワクワクすることにチャレンジし、落ちたり上がったりの紆余曲折を経てなんとか不器用に生きてまいりました。

離婚して一人になった時にようやく、摂食障害やパニック障害などの経験を公開してもいい気持ちになりました。そんな時、まるで後押しするように、読売新聞からの取材申し込みがありました。それは、摂食障害で一度投げ出したもの

の音楽の夢をあきらめずチャレンジした生きざまを朝刊に掲載するというものでした。

それまでは自助組織以外では隠すべき恥部のような気がしていた経験です。とても迷いましたが公表にOKを出しました。

わたしのような経験が誰かの勇気につながるなら、実名を出してもいいと思ったのです。

同時に、この経験を生かしてできることはないかと考えた時に、自分を責めることで苦しんでいる人に寄り添い、それぞれの愛を思い出してもらう一助を担えたら、と思いました。

NABA以外でも以前から人に相談されることが多く、経験豊富なこの人ならわかってくれるかもしれない、との印象を持たれるようでした。

カウンセリングを始めるにあたり、なにか補助輪になるものを探していたところ、性格リフォームカウンセラーの心屋仁之助さんに出会いました。心屋さんの考え方は、斎藤学さんと共通するところもあり、自分の中にスッと入ってきました。

最期のチャレンジ、と思って心屋式カウンセリングを学び、認定カウンセラーとなりました。

（最後のチャレンジ、と書きましたが、これを書いている現在、西日本未曽有の水害で、いずれ住むつもりだった広島の家が水没し、半壊しました。人生の女神はまだまだ休ませてはくれないようです。）

・・・・・・・・・・・・・・・・・・・・・・・・・・

前半のメッセージにも書いていますが、病気になるのは健康だからなのです。

それは傾いたバランスを回復しようとする生命力の動きです。

わたしたちは、どれほど自分を認められなくて大嫌いでも、そんな表面の気持ちとは無関係に愛によって生かされています。

あなたが、どれほど自分を責めても、目に見えないもう一人のあなたは、そんなあなたを信じられないほど愛しているのです。

わたしにも、摂食障害やパニック障害がタイミングよくやって来ました。そのおかげで、自分自身とより親密になり、怒りや寂しさに気づき受け入れることができたのです。

そして治そうとするよりも、「そのままでいいとしたら、自分はどこへ行きたいのか」にフォーカスすることでシフトチェンジしました。発想の転換ですね。

（摂食障害）

また、今は動きたくない、という身体の申し出にもしぶしぶ寄り添いました。

（パニック障害）

病む力はそのまままっすぐ、生きる力です。

完璧にならなくていいのです。

完璧でなくていい、不格好なままでいいとしたら、あなたはなにをしますか？

また、なにをしないでいますか？

答えは、頭の中ではなく、今を生きる身体のほうにあったりします。

そしてワクワクしたりときめいたりする方向があなたにとっての「明るい方向」です。虫食いだらけの花でも太陽のほうを向いていようではありませんか。その光にわたしたちは生かされているのですから。

もしも迷いがあるとしたら、それはどちらでもいいから迷っているだけなのです。


わたしは、あの時、校門をくぐれなかった17歳の自分をとても大事にしています。

ピアノの進路を一度投げ出してしまった自分も、全部宝物です。

実はあの経験がそのあとを生きる原動力となっています。一見マイナスの顔をした経験でも、後にそれがかけがえのないギフトだったことに気づくのです。


もし、あなたに夢があるなら、あきらめないで。

実現はずっとあとかもしれないし、違う形かもしれない。でも、ほんのちょっとの勇気と希望があれば、今が苦しくてもいつか叶います。

ダメな自分を受け入れて親友のように扱ってみてください。

最後に女性の皆さんへ。

振り返るとわたしは20代、30代、40代、と人生を疾走してきたような気がします。40代は特に濃密な怒涛の時代でした。

皆さんの中には40代は、女性としてもう価値がないのではないかとどこかで思っている方もいらっしゃるのではないでしょうか。

いいえ。40代こそ輝く年代！　女性は40代からですよ。（そして50代、60代、70代、80代！）

子供を産める最後のチャンスですし、ホルモンバランスが変化して大きく振り回される時期でもあります。「フォーティーズ・クライシス」という言葉もあるくらいですから、精神的にも振れ幅が大きくなるかもしれません。

そんな時こそ、女性ならではの感性や女性に生まれてきた幸せを楽しみましょう。

自分なりのおしゃれをして自分を愛でて。佳きもの、女性という形で生まれてきたことを歓びましょう。

いつだってこれから！　いくつになっても！

古谷ちず

おわりに

あなたは、
怖くて、
辛くて、
恥ずかしくて、
寂しくて、
悔しくて、
ひとりぼっちで、

もうだめだ、というときに

泣きながらでも一歩、いえ、
半歩でも4分の1歩でも、
10分の1歩でも、
踏み出したことがありますか。

そして、
そのあと、
そんな自分を、
愛し心の底から
褒めたことがありますか。

そんな経験があるなら
人生は大成功ではないでしょうか。

結果は関係ないのです。

あまりに
辛くて
寂しくて
苦しくて
不甲斐なくて

もう死んでもいい、
むしろ死にたい、
と思いながらも
一日一日、
生き永らえている、
そんなあなたは
すでに大成功しています。

それを愛、っていうんだよ。
苦しさの解決が愛なのではありません。

苦しさを生きている、
消えたい、と思いながらも
いまを生きている、
それがあなたの愛なんだよ。

もうダメだ、と思っているときの、

この１歩
この１呼吸
この１口
この涙

それでも生きていること、
それが愛なんだよ。

そのときあなたは人生でいちばんたいせつなものを経験しています。

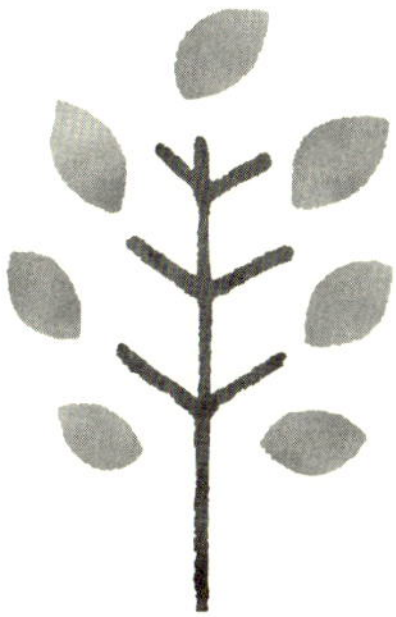

古谷ちず

心理カウンセラー　ミラカウンセリンググルーム主宰　ノラ道研究会

広島県生まれ。17歳のときに摂食障害となり、人生を捨てかけるほどの経験をする。自助グループ「ＮＡＢＡ（日本アノレキシア［拒食症］・ブリミア［過食症］協会）」との出会いをきっかけに自分責めを乗り越え、逆に快復者として他の悩める仲間を助ける存在になる。ＮＡＢＡでは「トラック姉貴」と呼ばれる。

トラック運転手、バンド活動などを経て26歳で結婚。２児を授かる。子育て中は地域活動、ＰＴＡ会長などを行い、さらにトライアスロン年代別優勝など、スポーツにも数多く挑戦。39歳で音大合格。桐朋学園芸術短期大学ピアノ専修卒業、同専攻科修了、桐朋学園大学ディプロマコース作曲専攻修了。ピアニスト、作曲家、ピアノ講師（ミラ・ピアノレッスン主宰）など、精力的に活動している。長男は東大大学院を卒業。長女は劇団員。２０１８年2月より、心屋認定リセットカウンセラーとして活動開始。

ブログ：ノラ道♪人生の途中式♪
https://ameblo.jp/noraneko-golden

“自分責め”をやめたいあなたへ

傷ついているあなたへ贈る50のメッセージ

2018年8月31日　初版第１刷

著者　古谷ちず

発行人　松﨑義行
発　行　みらいパブリッシング
東京都杉並区高円寺南4-26-5 YSビル3F 〒166-0003
TEL03-5913-8611　FAX03-5913-8011
http://miraipub.jp　E-mail : info@miraipub.jp
発売　星雲社
東京都文京区水道 1-3-30 〒112-0005
TEL03-3868-3275　FAX03-3868-6588
企画協力　Ｊディスカヴァー
編集協力　渡辺絵里奈
編集　廣田祥吾
表紙絵　上村奈央
装幀　堀川さゆり
印刷・製本　株式会社上野印刷所

ISBN978-4-434-25096-5 C0095